abdopublishing.com

Published by Abdo Kids, a division of ABDO, PO Box 398166, Minneapolis, Minnesota 55439.

Copyright © 2016 by Abdo Consulting Group, Inc. International copyrights reserved in all countries.
No part of this book may be reproduced in any form without written permission from the publisher.

Printed in the United States of America, North Mankato, Minnesota.

052015

092015

 THIS BOOK CONTAINS
RECYCLED MATERIALS

Spanish Translator: Maria Puchol

Photo Credits: iStock, Shutterstock

Production Contributors: Teddy Borth, Jennie Forsberg, Grace Hansen

Design Contributors: Laura Rask, Dorothy Toth

Library of Congress Control Number: 2015941675

Cataloging-in-Publication Data

Hansen, Grace.

[Clouds. Spanish]

Las nubes / Grace Hansen.

p. cm. -- (El clima)

ISBN 978-1-68080-350-1

Includes index.

1. Clouds--Juvenile literature.   2. Spanish language materials—Juvenile literature.   I. Title.

551.57'6--dc23

2015941675

Contenido

Proceso de creación de las nubes

Las nubes son parte del ciclo del agua. El sol calienta el agua en la Tierra. El calor hace que el agua se **evapore**.

5

El aire caliente sube. Ese aire
se enfría a medida que sube.
Se lleva el vapor con él. El
aire frío no puede contener
mucho vapor.

El vapor se condensa en gotitas de agua. Esto se llama **condensación**.

El vapor debe pegarse a algo.

En el aire hay sal, polvo y otras

cosas. Estas cosas están en el

centro de cada gotita. Todas

esas gotitas forman una nube.

polvo

Los diferentes tipos de nubes

Todas las nubes se forman de la misma manera. Todas son diferentes. Las nubes esponjosas se llaman cúmulos.

14

15

Las nubes planas se llaman
estratos. Las nubes delgadas
y escasas se llaman cirros.

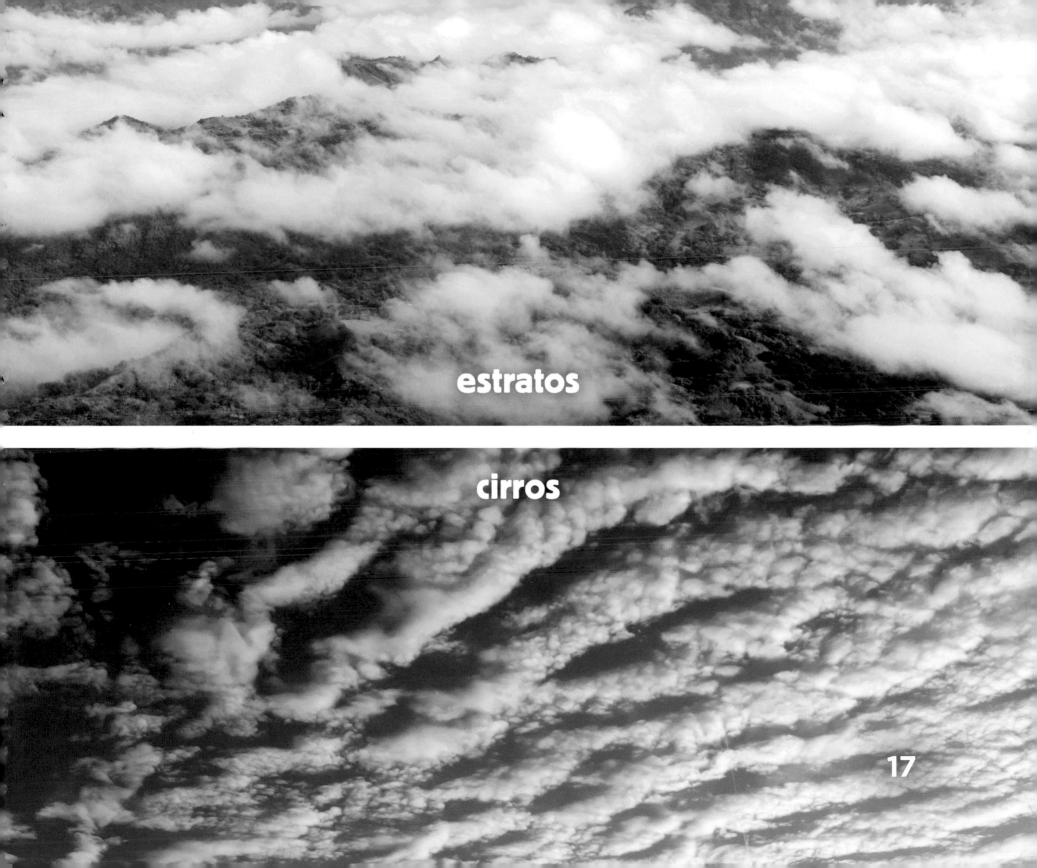

estratos

cirros

17

Las nubes son importantes

Las nubes pueden producir lluvia, nieve y granizo. Así es como le llega el agua dulce a la tierra.

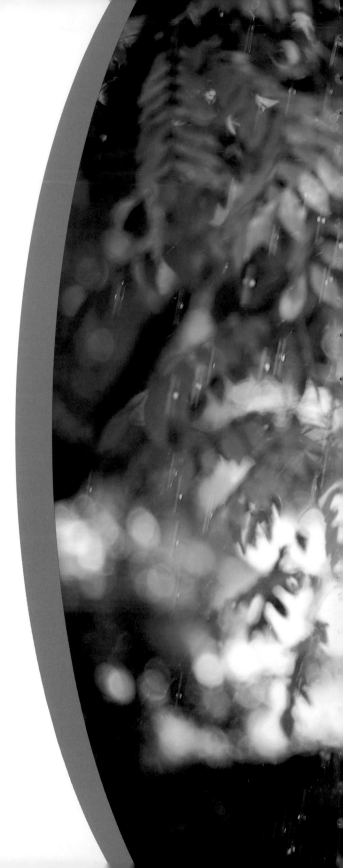

19

Las nubes **reflejan** la luz del sol. Así la Tierra se enfría. Las nubes también atrapan el calor del sol. Esto hace que la Tierra se caliente. Este **equilibrio** es muy importante.

21

Cómo se forman las nubes

Gotitas de agua en una nube

El sol calienta el agua

El vapor de agua se condensa para formar nubes

El vapor de agua se enfría a medida que sube

El agua se evapora

Glosario

condensación – el proceso de condensarse. Condensarse es cambiar a algo más denso, como de un gas a un sólido o a un líquido.

equilibrio – cosas importantes y diferentes que ocurren en la medida justa.

evaporación – el proceso de evaporarse. Evaporarse es cambiar de estado líquido o sólido, a vapor.

reflejar – que puede hacer rebotar la luz.

vapor de agua – agua en forma de gas.

23

Índice

abdokids.com

¡Usa este código para entrar en abdokids.com y tener acceso a juegos, arte, videos y mucho más!

Código Abdo Kids:
WCK9314